NOTICE

SUR

M. LE BARON

PETIT DE LAFOSSE,

RECEVEUR GÉNÉRAL DES FINANCES DE L'ARIÉGE,
ANCIEN PRÉFET DE LA CREUSE, DE LA NIÈVRE ET DE LA HAUTE-VIENNE,
OFFICIER DE L'ORDRE IMPÉRIAL DE LA LÉGION-D'HONNEUR
ET DE L'ORDRE ROYAL DE LÉOPOLD DE BELGIQUE,
CHEVALIER - COMMANDEUR DE L'ORDRE PONTIFICAL DE SAINT - GRÉGOIRE - LE - GRAND,
COMMANDEUR EXTRAORDINAIRE
DE L'ORDRE ROYAL AMÉRICAIN D'ISABELLE-LA-CATHOLIQUE D'ESPAGNE.

PAR M. EDOUARD RAMON,

ANCIEN PROFESSEUR DE L'UNIVERSITÉ.

PARIS
TYPOGRAPHIE D'ÉMILE ALLARD
14, RUE D'ENGHIEN, 14.

—

1860

NOTICE

SUR

M. LE BARON

PETIT DE LAFOSSE,

RECEVEUR GÉNÉRAL DES FINANCES DE L'ARIÉGE,
ANCIEN PRÉFET DE LA CREUSE, DE LA NIÈVRE ET DE LA HAUTE-VIENNE,
OFFICIER DE L'ORDRE IMPÉRIAL DE LA LÉGION-D'HONNEUR
ET DE L'ORDRE ROYAL DE LÉOPOLD DE BELGIQUE,
CHEVALIER - COMMANDEUR DE L'ORDRE PONTIFICAL DE SAINT - GRÉGOIRE - LE - GRAND,
COMMANDEUR EXTRAORDINAIRE
DE L'ORDRE ROYAL AMÉRICAIN D'ISABELLE-LA-CATHOLIQUE D'ESPAGNE.

PAR M. EDOUARD RAMON,

ANCIEN PROFESSEUR DE L'UNIVERSITÉ.

PARIS
TYPOGRAPHIE D'ÉMILE ALLARD
14, RUE D'ENGHIEN, 14.

1860

LE BARON PETIT DE LAFOSSE

Dans un temps comme le nôtre, où tout le monde se ressemble, on aime à rencontrer ces natures militantes qui tranchent sur la masse par un énergique relief.

On s'éprend pour ces hommes que la lutte fortifie et qui vont le grand chemin de l'honneur, armés qu'ils sont de l'initiative qui découvre le bien et de la persévérance qui l'accomplit. On s'incline devant ces personnalités puissantes, qui sont mieux que des hommes, qui sont des caractères ; et on étudie leurs actions comme des exemples à suivre, surtout quand leur vie, comme celle que nous allons raconter, a été consacrée tout entière au service et à la gloire du pays.

On a dit avec vérité que le courage civil est le plus difficile de tous les courages. Peu d'hommes ont poussé cette vertu plus loin que celui qui fait l'objet de cette biographie. Il en a donné de nombreuses preuves pendant une carrière administrative déjà longue, et dans laquelle il a fait admirer les qualités les plus brillantes, les connaissances les plus variées et les plus profondes ; le tout rehaussé par une grande fermeté, qui s'unit en lui à une bienveillance exquise et à une courtoisie pleine de distinction.

M. le Baron Petit de Lafosse est né, en 1805, à Orléans, où son père, un des plus éminents jurisconsultes de la magistrature et du barreau, remplissait avec éclat les fonctions de premier président de la Cour impériale; il était fils lui-même de Jean-François Petit de Lafosse, l'un des négociants le plus en crédit sous le règne de Louis XV, dont le père avait été receveur général des fermes du Roi sous Louis XIV.

§ 1er

SON ENTRÉE DANS L'ADMINISTRATION. — SOUS-PRÉFECTURE DE PITHIVIERS.

M. Petit de Lafosse fit des études florissantes, et, au sortir du collége, attira sur lui l'attention par les promesses que son excellente éducation faisait concevoir. Après des études très-substantielles à la Faculté de droit, il se fit inscrire sur le tableau des avocats de la Cour royale de Paris, et débuta au barreau d'une manière remarquable : mais bientôt la carrière administrative vint l'enlever à une profession dans laquelle la facilité de son élocution et la vivacité de son esprit l'eussent fait inévitablement distinguer.

Il avait à peine vingt-cinq ans, lorsque, le 19 août 1830, il fut appelé, sur le rapport de M. Guizot, ministre de l'intérieur, aux fonctions de sous-préfet à Pithiviers (Loiret), où il reçut le titre et le diplôme de Membre de la Société royale des Sciences, Belles-Lettres et Arts d'Orléans. Cette distinction littéraire était d'autant plus précieuse pour lui qu'elle lui était décernée par ses concitoyens.

Dès cette époque, une belle carrière s'ouvrait devant lui, car M. le duc de Larochefoucault d'Estissac, aide-de-camp du Roi, député de l'arrondissement de Pithiviers, lui écrivait, en 1831, après avoir consulté M. Casimir Périer, ministre de l'intérieur, *pour lui donner l'assurance qu'il ne quitterait Pithiviers que pour être préfet.*

Cependant, il devait administrer encore trois sous-préfectures plus importantes il est vrai, Clamecy (Nièvre), Romorantin (Loir-et-Cher) et Valenciennes (Nord).

§ II

M. PETIT DE LAFOSSE PÈRE.

M. Petit de Lafosse porte dignement un nom honorable. Son père, qui avait été un des disciples les plus distingués du jurisconsulte Pothier, son compatriote, qui l'avait deviné et qui ne cessa de lui prodiguer des témoignages de bienveillance jusqu'au dernier jour de son professorat, fut, pendant vingt-huit années consécutives, le chef de la magistrature dans le ressort d'Orléans, sa patrie. Il a été aussi, successivement, député de Montargis et d'Orléans, et, pendant six ans, sous l'Empire, vice-président du Corps législatif. Il faut attribuer cette distinction moins à la réputation dont il jouissait lors de sa nomination qu'à ses travaux pendant les législatures dont il fit partie. Un membre de la Cour d'Orléans a résumé ainsi cette carrière si brillante et si utile :

«M. Petit de Lafosse avait été, sous l'ancien régime, membre de l'Athénée de la langue française, à Paris, et membre de l'Université de jurisprudence.

» Avocat au parlement, les suffrages des plus illustres magistrats et la confiance d'une nombreuse clientèle l'élevèrent, dès ses débuts, au premier rang parmi ses savants compétiteurs.

» Le célèbre jurisconsulte était de ceux qu'atteignaient les fureurs populaires. Forcé, pendant la révolution, d'abandonner la carrière qui s'ouvrait si vaste devant lui, pour soustraire sa tête au fer du bourreau, il se réfugia près de sa ville natale, et forma, à Saint-Mesmin, dans l'ancienne abbaye, une fabrique de salpêtre, ce qui lui permit de subvenir, pendant quelque temps, à ses besoins et à ceux de sa famille.

» Cependant, la société se rasséyait sur ses bases ébranlées, la magistrature fut reconstituée et abandonnée à l'urne électorale; il fut alors, plusieurs fois, élevé aux fonctions de juge, et ses collègues, rendant un éclatant hommage à sa supériorité, le choisirent constamment pour leur président.

» Ce savant magistrat a présenté, dans le cours de sa longue et utile carrière, un fait bien remarquable et peut-être unique dans les fastes judiciaires : sous sa présidence, un seul des arrêts rendus par la Cour d'Orléans et déférés à la Cour de cassation, a été, sur les conclusions de M. le comte Merlin, considéré comme n'ayant pas fidèlement interprété la loi; le premier président, plein d'un juste orgueil, crut devoir, à cette occasion, ouvrir une discussion avec l'illustre procureur général; il en est résulté que si l'avis de celui-ci avait dû être exprimé de nouveau, il aurait hésité.

» La Cour, sous sa présidence, se plaça, par la sagesse de ses arrêts, au premier rang des Cours impériales de France.

» Napoléon Ier, relégué à l'île d'Elbe, revint aux Tuileries ; il voulut tenir de nouveau sa couronne des mains de la France ; il consentit à devenir le premier sujet de la loi ; M. Petit de Lafosse fut député au Champ-de-Mai. Nommé, par ses collègues, vice-président de la commission chargée de la rédaction de l'adresse à l'Empereur (le président de l'Assemblée était M. le marquis de Carion-Nisas), il tomba de son siége de premier président avec l'Empire ; victime des réactions de 1815, il ne fut pas compris, par la Restauration, dans la réorganisation de l'ordre judiciaire.

» Ainsi fut brisée la carrière glorieuse de l'une des renommées les plus pures de la magistrature et des assemblées législatives.

» L'Empereur honorait particulièrement les talents et le caractère personnel de M. Petit de Lafosse. Aussi, lui a-t-il conféré, en 1808, le titre de chevalier de l'Empire, et, en 1813, le titre héréditaire dans sa famille de *baron de l'Empire*. »

On lit dans une notice biographique, écrite, en 1832, par le même auteur, après la mort de cet éminent magistrat : « Le temps de ses loisirs ne sera pas perdu ; il » laisse des manuscrits que son nom recommande déjà à » l'examen empressé de la magistrature et du barreau.

» Le premier président, si remarquable par l'étonnante » activité de ses facultés morales, comprenait parfaite- » ment la dignité de sa position et celle du corps à la tête » duquel il était placé. Bienveillant, plein d'aménité, il » entraînait par la simplicité et le charme de ses manières

» et de sa conversation; jamais le savoir n'a revêtu des » formes plus agréables; jamais une haute position, sans » rien perdre de la considération qu'elle s'attribue et qui » lui appartient, n'a été dissimulée avec plus de naturel » et de loyauté.

» Les derniers instants de cet homme supérieur ont été » consolés par les soins de sa vénérable compagne, de ses » enfants, et ceux de son gendre, M. Espiaud, membre de » l'Académie, l'un des médecins les plus éclairés de la » capitale et celui de Napoléon pendant son séjour à l'île » d'Elbe (1). »

§ III

SOUS-PRÉFECTURE DE CLAMECY. — MOUVEMENTS INSURRECTIONNELS.

M. Petit de Lafosse fut nommé à la sous-préfecture de Clamecy, en 1833, sur la proposition de M. le comte d'Argout, ministre de l'intérieur. Ce nouveau poste lui fournit l'occasion de déployer une

(1) Cet honorable magistrat avait travaillé, en faisant son droit, chez un notaire de Paris. Le patron et tous ses clercs ont eu une telle destinée, si glorieuse ou si extraordinaire, que l'étude qu'ils composaient restera sans doute la plus célèbre dans les fastes du notariat.

Le notaire, M. Bévière, est devenu sénateur et comte de l'Empire;

Le maître clerc, M. Petit de Lafosse, législateur, premier président et baron de l'Empire.

Le second clerc, M. Andrieux, poète célèbre, professeur au collége de France et membre de l'Académie française.

Le troisième clerc, M. Bouquerot, député au Corps législatif et président de Cour impériale.

Le quatrième clerc, M. Humbert, général de brigade.

Mais le petit clerc, M. L....., *souffre-douleur*, comme on les appelait à cette époque, étant parti pour la Turquie, y est mort empalé.

conduite pleine de courage et d'une prudente énergie dans les mouvements insurrectionnels de 1835 et 1837. Ces troubles nécessitèrent la présence de plusieurs régiments. M. le sous-préfet, qui ne comptait pas avec le danger quand son devoir le poussait en avant, fut blessé grièvement à l'épaule dans le mouvement de 1837. Son attitude et son courage, en présence de l'insurrection. lui attirèrent les éloges les plus flatteurs de la part de M. Thiers et de M. le comte de Montalivet, ministres de l'intérieur, et de M. le comte Roy, ancien ministre des finances, lequel était plus directement intéressé au rétablissement de l'ordre dans l'arrondissement de Clamecy, où il possédait des propriétés d'une valeur très-considérable.

M. Petit de Lafosse fut nommé, à la suite des soulèvements de 1835, chevalier de la Légion-d'Honneur. M. Thiers, qui lui conféra cette distinction, l'accompagna de ce témoignage honorable : « *Vous avez déployé, dans ces circonstances difficiles, une énergie et une activité également dignes d'éloges ; je m'empresse de vous en témoigner toute ma satisfaction.* »

Il avait déjà reçu, avant ces graves événements, de M. Dupin, président de la Chambre des Députés, cette lettre qui témoignait si bien en faveur de ses talents comme administrateur : « Mon cher Sous-Préfet, j'écris » *avec instance* à M. le Ministre de l'Intérieur pour lui » exposer vos titres à la croix d'honneur, et lui exprimer » mon désir de vous voir obtenir cette récompense mé- » ritée par une administration intelligente qui a eu » d'excellents résultats. »

En 1836, M. Edmond Blanc, conseiller d'État, directeur du personnel au Ministère de l'Intérieur, écrivit à M. Philippe Dupin : « M. Petit de Lafosse, sous-préfet » de Clamecy, est désigné comme l'un des premiers » auxquels le ministre (M. le comte de Gasparin) est dans » l'intention d'accorder de l'avancement; et j'espère » que ses vœux et les vôtres ne tarderont pas à se réa- » liser. Je serai charmé d'avoir l'occasion de contribuer » à cet acte de bonne justice. »

En 1837, M. Badouix, préfet de la Nièvre, s'exprimait ainsi dans son rapport au gouvernement : « M. Petit » de Lafosse, sous-préfet, a montré un zèle, une activité, » un dévouement au-dessus de tout éloge. La municipa- » lité de Clamecy n'agissait, en toute occasion, qu'avec » une mollesse, une timidité que je ne saurais assez » blâmer. Le commissaire de police ne faisait quelque » service qu'en tremblant et a donné sa démission : sa » terreur était telle qu'il a formellement refusé d'assister » la gendarmerie pour procéder aux arrestations; les » agents de police ont eu la même pusillanimité pour in- » diquer les demeures des individus qu'il s'agissait d'ar- » rêter.

» Enfin, je ne saurais peindre la crainte redoutable » qu'avaient les plus notables habitants de rien faire qui » pût les compromettre envers les flotteurs.

» M. Petit de Lafosse a suppléé à tout par son activité » qui ne se relâchait *ni nuit ni jour*, qui a pourvu à » tous les besoins du moment, et qui a surmonté tous » les embarras qu'occasionnait la présence inopinée d'un » bataillon d'infanterie et de deux régiments de cava- » lerie. »

M. le comte de Montalivet lui écrivit, quand tout fut pacifié : *Je ne puis que vous féliciter de la conduite ferme, prudente et courageuse que vous avez tenue dans ces fâcheuses circonstances.*

M. Dupin, président de la Chambre des Députés, lui » manda également : « Mon cher Sous-Préfet, je déplore » les funestes troubles dont vous m'avez fait parvenir les » détails. Il me revient, de tous côtés, que vous avez bien » fait votre devoir. »

Enfin, le premier avocat général à la Cour de Bourges, M. Corbin, constatait, dans son acte d'accusation contre les quarante inculpés, traduits devant la Cour d'assises de la Nièvre, que la *conduite de M. le sous-préfet de Clamecy avait été constamment remarquable par la prudence et l'énergie.*

M. Petit de Lafosse faillit, néanmoins, apprendre à ses dépens, au mois de novembre 1838, que souvent, dans la carrière administrative, on est d'autant plus exposé qu'on a fait plus de bien.

Par suite de renseignements erronés, il avait été nommé sous-préfet à l'Argentière, dans l'Ardèche.

Cette disgrâce n'eut aucune suite, et ne fit qu'accroître la profonde estime qu'on lui avait vouée dans la Nièvre.

A cette nouvelle imprévue, M. Badouix, préfet du département, s'était empressé de lui écrire : « Mon cher » Sous-Préfet, je n'ai que le temps de vous exprimer ma » douleur et de vous envoyer une lettre pour M. le Mi- » nistre de l'Intérieur. Puisse-t-elle être de quelque effet,

» et puissent les efforts de ma sincère amitié pour vous » ne pas rester infructueux ! »

« Nevers, le 5 novembre 1838.

» Monsieur le Ministre,

» M. Petit de Lafosse, sous-préfet de Clamecy, me » fait part des craintes qu'on lui donne d'un changement » d'après lequel il serait envoyé à l'Argentière.

» J'ai besoin d'exprimer à Votre Excellence combien » j'éprouverais une peine profonde d'un pareil change- » ment qui ne serait qu'une disgrâce.

» Je considère M. Petit de Lafosse comme le premier » des sous-préfets de mon département. Il est instruit, » actif, dévoué ; il est très aimé dans son arrondissement » où il a fait beaucoup de bien ; il a montré, dans des » circonstances graves, un caractère également énergique » et sage.

» Si on a fait des rapports défavorables à Votre Ex- » cellence, sur le compte de ce sous-préfet, j'affirme, » *sur mon honneur*, qu'ils sont mal fondés, et je re- » garde comme un de mes premiers devoirs, de mes plus » impérieux, de le défendre.

» Je viens donc supplier instamment Votre Excellence, » au nom de l'équité ; et si ma voix avait le malheur de » ne pas être entendue, quand je défends une cause aussi » juste, je craindrais qu'un triste découragement ne » s'emparât de l'esprit des fonctionnaires les plus dévoués.

» Votre Excellence, dans tous les cas, appréciera la » puissance des motifs qui me dictent cette démarche. »

Château de Marcilly, le 7 novembre 1838.

A M. Petit de Lafosse, sous-préfet, le Maire de Cervon, arrondissement de Clamecy, ancien député de la Nièvre, président du Conseil général du département.

« J'ai relu votre lettre dix fois, et je ne puis encore » croire à son contenu, j'en demeure anéanti. Si c'est » ainsi que le gouvernement récompense le dévouement, » le mérite et les loyaux services, vaut mieux être de ses » ennemis que de ses amis. Je ne vous dirai rien de mes » regrets et de ma douleur personnelle, vous me rendrez » assez de justice pour les prévoir : sept années de rela- » tions qui m'avaient mis à même de vous apprécier, » administrativement et privativement, me rendent ex- » trêmement sensible le coup injuste et imprévu qui vient » de vous frapper. Mais c'est au malheur de l'arron- » dissement que je pense, c'est aux regrets universels » qui vont vous suivre. Vous aviez su commander l'es- » time par votre honorable caractère, acquérir la con- » fiance générale par votre mérite, votre délicate loyauté » dans tous vos rapports administratifs, votre équitable » application des lois, et votre actif dévouement aux in- » térêts qui vous étaient confiés ; enfin vous aviez cons- » tamment travaillé au bien du pays, soit par vos soins, » soit par votre heureuse influence. La perte d'un si di- » gne administrateur est une calamité publique, et c'est » ainsi qu'elle sera vue de tous vos administrés.

» Une pareille ingratitude d'un pouvoir que vous avez » si loyalement servi, est plus blessante encore qu'affli-

» geante, et je conçois, en la partageant, toute la peine » que vous en éprouvez.

» S'il m'est arrivé, une seule fois, depuis un an, de » regretter de n'être plus un homme public et de n'avoir » plus le droit officiel de remontrances, certes c'est au- » jourd'hui en présence d'une aussi coupable injustice » dont j'eusse demandé, exigé même la réparation.

» Quand un gouvernement marche dans de telles voies » de perdition, c'est le cas de répéter ce mot fameux : » *Malheureux Roi, malheureuse France !*

» Comte Hector LEPELETIER D'AUNAY. »

§ IV

SOUS-PRÉFECTURE DE ROMORANTIN.

Après ces témoignages des deux plus grandes autorités du département, et les plus compétentes, auxquels se joignit spontanément l'opinion publique vivement émue par une aussi grave erreur, M. Petit de Lafosse fut nommé de suite, avec la promesse d'un avancement marquant avant peu, à Romorantin, qu'il avait demandé, comme résidence provisoire, à cause de sa proximité de Paris et de sa dépendance du ressort de la Cour royale d'Orléans où il trouvait ainsi l'occasion de rappeler, encore une fois, et de perpétuer les souvenirs du nom qu'il se fait gloire de porter.

L'Echo de la Nièvre, journal dévoué au gouvernement, avait fait paraître cet article courageux, au moment de la disgrâce de M. Petit de Lafosse : « Par cela » même que le ministère actuel a pu compter jusqu'à » présent sur notre adhésion franche et loyale autant

» qu'indépendante, nous ne devons pas non plus lui épar-
» gner la vérité, et nous la lui faisons plus sévère encore
» quand ses actes nous paraissent de nature à mériter le
» blâme.

» Aujourd'hui, voici une ordonnance qui retire tout à
» coup de l'arrondissement de Clamecy un sous-préfet
» généralement estimé. Administrateur intelligent et
» actif, de mœurs douces et faciles, dans l'occasion
» homme de cœur et de tête, ainsi qu'on l'a vu pendant
» les troubles de Clamecy, M. Petit de Lafosse s'était
» acquis, dans son arrondissement, l'estime et l'affection
» générales. La nouvelle imprévue de son remplacement
» a causé dans le pays autant de surprise que de mécon-
» tentement, et l'on se demande en vain quels motifs graves
» ont nécessité la mesure qui frappe aussi cruellement un
» administrateur très regrettable sous tous les rapports.
» Nous ne faisons pas au gouvernement l'injure de croire
» qu'il suffit des suggestions de quelques coteries pour
» faire aussi bon marché de l'existence d'un préfet ou
» d'un sous-préfet; mais toujours est-il que de pareils
» actes le compromettent gravement aux yeux de ses
» véritables amis, en le livrant sans défense aux im-
» putations haineuses de ses adversaires. Nous désirons
» vivement que le ministère détrompé rende à M. Petit
» de Lafosse prompte et éclatante justice. »

§ V

SOUS-PRÉFECTURE DE VALENCIENNES. — GRÊVE DES OUVRIERS MINEURS D'ANZIN ET DE DENAIN EN 1846.

Un an après, au mois de janvier 1840, il fallait pour être à la tête de l'importante administration de Valenciennes, un fonctionnaire qui sût à une grande habileté allier cette fermeté qui se concilie avec la prudence. M. le Ministre de l'Intérieur trouva toutes ces qualités réunies en la personne de M. Petit de Lafosse, qui, dans le nouvel arrondissement à la tête duquel il était placé, montra un talent très-rare au milieu de fort sérieuses difficultés. Malgré des obstacles presque invincibles, il réussit à former, deux fois, à Valenciennes, une administration municipale qui manquait depuis plusieurs années, et justifia ainsi l'opinion de M. le comte de Lézai-Marnézia, pair de France, préfet de Loir-et-Cher, qui avait écrit à son collègue du Nord : « M. le baron Petit de Lafosse passe de » la sous-préfecture de Romorantin à celle de Valen- » ciennes. Autant je suis affligé de le perdre, autant je » vous félicite de l'avoir sous vos ordres. A l'expérience » des affaires, à la connaissance des hommes, à beaucoup » d'habileté à les manier, à beaucoup d'intelligence, il » joint un caractère à la fois ferme et conciliant, de la » volonté, des formes aimables et des principes politiques » solides, qui sont ceux, je crois, que vous estimez. »

M. le vicomte de Saint-Aignan, conseiller d'État, préfet du Nord, lui écrivait, deux ans après, en 1842, au milieu des complications administratives les plus graves : « Bon courage, mon cher Sous-Préfet, vous n'êtes pas sur » un lit de roses, mais vous trouvez dans votre dévoue- » ment assez de résignation pour ne pas trop vous en » plaindre. Vous pouvez être bien sûr de trouver en moi » un appui constant, et un appréciateur de vos bons ser- » vices. »

Le 1er mai 1843, il fut nommé officier de la Légion-d'Honneur, grade dont son père avait reçu les insignes de la main même de l'empereur Napoléon, dans un temps où cette précieuse distinction n'était conférée, dans l'ordre judiciaire, qu'aux hommes du plus rare mérite.

Au mois de juillet 1844, S M. le roi des Belges, en passant à Valenciennes, a daigné lui remettre, sur la proposition de M. le comte Goblet, son ministre des affaires étrangères, la croix d'officier de l'ordre royal de Léopold, en lui adressant les paroles les plus flatteuses sur sa coopération, depuis cinq ans, dans tous les travaux internationaux de la France et de la Belgique.

A la nouvelle de cette récompense pour laquelle il avait aussi appelé l'attention du roi des Belges, M. le marquis de Rumigny, ambassadeur de France à Bruxelles, écrivit à M. Petit de Lafosse : « Aidé comme je l'ai » été par des services aussi signalés que les vôtres, je » n'ai malheureusement aucun mérite à des succès dont » vous voulez bien me savoir gré, et à une récompense » si bien justifiée. Je me félicite de la bonne grâce avec » laquelle le Roi a aimé à vous remettre le témoignage » des sentiments que vous lui avez inspirés. Sa Majesté » en parle toujours avec la même satisfaction. Je ne doute » pas qu'elle ne se plaise à vous en répéter l'expression » lorsque vous viendrez à Bruxelles. »

C'est en 1846 qu'éclata cette formidable grève des ouvriers mineurs d'Anzin. Les proportions qu'elle prit, sa longue durée et les tentatives de révolte qu'elle occasionna obligèrent le gouvernement à concentrer plusieurs régiments autour de Valenciennes. M. le sous-préfet se montra, comme toujours, à la hauteur de sa difficile posi-

2

tion. Nous citerons, parmi les témoignages qu'il en recueillit, une lettre de M. le lieutenant-général de Saint-Yon, ministre de la guerre, dans laquelle nous lisons ce qui suit :

« Mon cher Baron, je connais le zèle et la conscien-
» cieuse habileté dont vous donnez chaque jour tant de
» preuves..... Le gouvernement du Roi apprécie, n'en
» doutez pas, les services que vous avez rendus et le bien
» que vous avez fait dans l'important arrondissement de
» Valenciennes, et, en mon particulier, je serai fort
» heureux de contribuer à vous en faire accorder promp-
» tement la juste récompense. »

M. le comte Duchâtel, ministre de l'intérieur, saisit, de son côté, cette occasion, sur les rapports de M. le baron Maurice Duval, pair de France, préfet du Nord, qui exposait que *M. le sous-préfet avait déployé une véritable habileté en arrêtant la sédition par son énergie, et en la réprimant sans recourir à l'emploi de la force armée autrement que pour contenir l'émeute*, pour lui faire présager sa prochaine nomination à une préfecture.

« *Vous justifiez*, lui avait déjà écrit le ministre, bien
» avant ces graves événements, *de la manière la plus*
» *honorable, la confiance que le gouvernement a de-*
» *puis longtemps placée dans votre dévouement et*
» *dans vos lumières. Je vous félicite bien sincère-*
» *ment de tous les succès que vous avez obtenus dans*
» *votre administration..... J'ai toujours reconnu et*
» *apprécié vos services, et vous pouvez compter que,*
» *lorsque l'occasion s'en présentera, je ne les oublie-*
» *rai pas.* »

§ VI

SA NOMINATION A LA PRÉFECTURE DE LA CREUSE.

En effet, en 1847, M. Desmousseaux de Givré, préfet du Nord, ayant confirmé tous les services que l'on devait attendre d'un si habile administrateur, en le plaçant à la tête d'un département, le roi Louis-Philippe lui confia la préfecture de la Creuse.

Le roi des Belges, en revenant, quelque temps auparavant, de Paris à Bruxelles, l'avait informé, à son passage à Valenciennes, *qu'il était autorisé par le roi des Français à lui annoncer sa prochaine nomination. J'ai agi contre mes intérêts, mon cher voisin,* lui dit encore publiquement Sa Majesté, avec l'expression de la plus exquise bienveillance, *mais je conserverai toujours le souvenir de nos bonnes relations.*

Il reçut, peu de temps après son installation à Guéret, un bref apostolique du Saint-Père qui lui conférait la croix des chevaliers de l'ordre pontifical de Saint-Grégoire-le-Grand, pour les services qu'il avait rendus à la religion et à ses ministres, pendant son administration dans le Nord.

Cette insigne distinction, rare à cette époque, dix Français seulement en étaient honorés, avait été sollicitée, près du Souverain-Pontife, par le cardinal-archevêque de Cambrai, qui se plaisait à répéter « *que, depuis qu'il était dans le Nord, il avait un second frère dans le sous-préfet de Valenciennes.* »

Son Eminence lui avait écrit, à l'occasion de sa pro-

motion à la préfecture de la Creuse : « Vous y aviez de-
» puis longtemps des droits par vos services, la loyauté
» de votre caractère, votre capacité administrative et
» toutes les qualités personnelles qui font de vous l'homme
» aimable et le fonctionnaire supérieur. »

§ VII

SA DESTITUTION EN 1848.

Le 28 février 1848, il fut frappé de destitution comme tous ses collègues, par le gouvernement provisoire de la République.

Le Conseil municipal de Guéret ne voulut pas que cet honorable magistrat quittât le pays sans emporter le témoignage éclatant des regrets et des sympathies de la population tout entière. Sur la proposition de M. Leyraud, député de la Creuse, la délibération suivante fut prise à l'unanimité : *Le Conseil déclare rendre hommage à M. le préfet Petit de Lafosse, qui, durant son administration dans la Creuse, a constamment agi avec zèle, dignité, justice et fermeté.*

Une adresse des habitants vint confirmer encore la manifestation spontanée du Conseil municipal.

§ VIII

SA NOMINATION A LA PRÉFECTURE DE LA NIÈVRE.

Le Prince-président de la République le nomma préfet de la Nièvre, le 31 décembre 1848, sur la proposition de M. Léon Faucher, ministre de l'intérieur, par suite des souvenirs qu'il avait laissés, dans ce département, comme sous-préfet de Clamecy, pendant sept ans.

M. Dupin aîné avait écrit, à cette occasion, cette lettre honorable au chef du cabinet du Prince-président de la République :

» Paris, le 27 décembre 1848.

» Mon cher Mocquart,

» Je désirerais beaucoup qu'on nous donnât, pour
» préfet de la Nièvre, M. Petit de Lafosse, ancien sous-
» préfet de Clamecy, et, en dernier lieu, préfet de la
» Creuse.

» Il a laissé chez nous d'excellents souvenirs; et il y
» sera parfaitement accueilli, *j'en réponds.* »

Il est indispensable d'ajouter encore que les huit représentants de la Nièvre à l'Assemblée nationale, M. le comte Molé, ancien ministre de l'intérieur, propriétaire d'une terre importante dans l'arrondissement de Château-Chinon, et M. le comte Hector Lepeletier d'Aunay, ancien député, président du Conseil général du département, joignirent leurs démarches à celles de M. Dupin, ce qui décida M. le maréchal duc d'Isly à ne plus insister pour qu'on nommât dans son département M. Petit de Lafosse, qu'il tenait en estime toute particulière. En effet, M. le maréchal Bugeaud étant commandant en chef de l'armée des Alpes, lui adressa, au mois de février 1849, cette lettre, fort remarquable sous tous les rapports : « Mon cher Préfet, j'accepte avec empressement les
» offres de concours que vous me faites, en me disant
» que vous voulez vous réunir aux bons citoyens qui vous

» entourent pour marcher sous ma bannière. Cette ban-
» nière sera celle de l'ordre, de la propriété, de la
» famille, de tous les grands intérêts que l'anarchie me-
» nace. Je ne serai donc pas étonné et je serai heureux de
» vous voir venir vous enrôler dans cette armée, si elle
» doit entrer en campagne.

» J'espère que la ferme attitude que les honnêtes gens
» de toutes les classes et de toutes les nuances politiques
» semblent disposés à prendre, suffira pour imposer aux
» factions et pour les forcer à *subir l'ordre*. Dans le cas
» contraire, je vous déclare, mon cher Préfet, que je
» n'aurai jamais crié *en avant* avec plus de jeunesse et
» d'énergie. Je l'ai pourtant crié souvent, et avec beau-
» coup de vigueur, je vous jure, dans quelques circon-
» stances de ma longue carrière militaire.

» Je suis heureux d'avoir pu contribuer à déterminer
» votre réintégration. Je l'ai regardée comme *un acte*
» *de justice et de bonne politique*; et tout en me louant
» de trouver en vous un souvenir reconnaissant de ce que
» j'ai pu faire dans ce but, je veux vous dire que vous
» n'avez pas à m'en savoir personnellement trop de gré.
» *J'ai cru agir dans l'intérêt général*, et je suis per-
» suadé que vous justifierez entièrement l'opinion que
» j'ai exprimée sur ce point. »

Au mois de juillet 1849, M. Petit de Lafosse ayant appris qu'il était question de le nommer à Strasbourg, manifesta le vif désir de rester à Nevers. M. le comte Hector Lepeletier d'Aunay lui écrivit, après avoir vu M. Dufaure, ministre de l'intérieur : « Le premier mouvement
» du ministre a été de vous envoyer à Strasbourg comme
» homme d'action et d'énergie sur lequel on pouvait

» compter. Je me réjouis très-fort, je vous l'avoue, de ce » point d'arrêt, c'eût été un vrai chagrin pour moi et un » grand malheur pour le département, soit dit sans » compliment. »

L'année suivante, en 1850, M. Ferdinand Barrot, ministre de l'intérieur, adressait cette recommandation très-flatteuse à cet honorable magistrat: « Vous avez fort » à faire dans votre département, que le socialisme a si » subitement et si complétement envahi, mais je sais » combien le gouvernement peut compter sur l'intel- » ligence et le zèle de votre administration. »

§ IX

ÉPISODE DE LA SESSION DU CONSEIL GÉNÉRAL DE LA NIÈVRE EN 1850.

On hésite aujourd'hui à rappeler des scènes déplorables qui se sont passées à Nevers, en 1850, à l'époque de la session du Conseil général, mais, ces circonstances regrettables ayant été provoquées à l'occasion de l'administration de M. Petit de Lafosse, et le concernant même dans son honneur personnel, il est indispensable d'en faire une mention rapide, dont j'emprunte littéralement tous les détails aux journaux et aux procès-verbaux du temps.

Toutefois, je me fais encore un devoir, tout en n'usant qu'avec bonne foi, du droit de l'écrivain, d'être sobre et réservé sur les faits, de taire les noms et de me conformer aux sentiments de celui dont j'esquisse la carrière, en m'abstenant de tout ce qui pourrait être contraire à l'oubli des injures, inspirées par les aberrations et les fiévreuses surexcitations de cette époque.

Un représentant à l'Assemblée nationale, condamné à un an de prison, par la Cour d'assises de la Nièvre, peu de temps avant son élection, subissait sa peine, à cette époque, dans la prison de Nevers.

Après s'être beaucoup loué, pendant quelque temps, des procédés de l'administration à son égard, il voulut accréditer que M. le Préfet avait l'intention de le faire empoisonner. Pour y parvenir, le prisonnier refusait de prendre ses aliments avant que les gardiens y eussent goûté ; il agissait de même pour les tisanes que les sœurs de charité voulaient bien parfois lui préparer (Rapport du médecin des prisons).

Vous êtes un hypocrite, dit-il un jour à M. le Préfet, au moment où ce magistrat entrait dans sa chambre, *vous êtes un lâche ; si je le pouvais, je vous ferais passer par les barreaux de ma fenêtre... Vil pédagogue, infâme tyran, que je ne vous revoie plus, car les trois fois que vous êtes venu, vous m'avez fait horreur... Sortez* (en termes inénarrables tant ils dépassaient outrageusement la locution la plus vulgaire), *sortez d'ici, hypocrite tyran!... Je saurai me venger, à ma sortie de prison, de vos infamies et de vos tyrannies.*

Ce détenu dit encore, après le départ de M. le Préfet, que *si le gardien-chef n'avait pas été là, il lui aurait fait un mauvais parti, et que, s'il revenait, il ne l'échapperait pas.*

M. Baroche, ministre de l'intérieur, approuva la punition de trois jours de cachot que le gardien-chef avait infligée à ce détenu, conformément au règlement sur les prisons, pour les insultes graves qu'il avait adressées à M. le Préfet.

Il fallut la présence de la force armée pour qu'il consentît à subir sa peine. En la voyant entrer dans sa chambre, il s'écria, en se drapant : *Des soldats français oseront-ils bien mettre un représentant du peuple au cachot !*

Pas tant d'éloquence, lui répondit, textuellement, le caporal du poste, *Représentant... du peuple de la prison, c'est possible... faites-moi donc l'amitié, monsieur le Représentant, de passer au cachot, et vivement. Vous réclamerez demain : la consigne d'abord !*

La session du Conseil général s'étant ouverte sur ces entrefaites, M. le Préfet y fut interpellé de la manière la plus violente, sur le traitement qu'il aurait fait subir au Représentant détenu.

Le citoyen collègue, notre ami, est en face d'un bourreau, dit-on, en s'adressant à M. le Préfet, en présence d'un public nombreux, *qui voudrait, avec une lâche hypocrisie, étouffer en prison un représentant du peuple !........ Vous lui faites subir un régime odieux... atroce... on le séquestre, on le prive d'air... Vous lui faites endurer les souffrances les plus aiguës... on le traite plus durement que les voleurs et les assassins... Nous protestons de toute la puissance de notre voix contre une barbarie aussi inouie...*

Le Conseil général, profondément indigné, ne voulut pas en entendre davantage. Le président, dont l'autorité fut aussi méconnue, leva, deux fois, la séance, au milieu d'une inexprimable agitation.

Le lendemain, une foule d'hommes à figures sinistres

assiégeaient l'hôtel de la préfecture, demandant insolemment à être admis dans la salle des délibérations du Conseil général, et, se livrant à des voies de fait envers les gens de service et aux injures les plus grossières à l'adresse du premier magistrat du département. La police et la force armée furent obligées d'intervenir pour les disperser. Le plus ardent des démagogues fut arrêté; il résista avec violence, en déchirant les vêtements des gendarmes, et en s'écriant : *A moi, peuple! à moi, mes amis!...* Ses amis disparurent dans la foule, et le véritable peuple de Nevers fut complétement sourd à son appel.

Le Conseil ayant alors décidé, pour mettre un terme à tant de scandale, que ses séances auraient lieu à huis clos, une discussion très-vive amena une rencontre au pistolet, sans résultat fâcheux heureusement, entre deux membres du Conseil.

Au milieu de ces tempêtes, M. le Préfet fut encore *accusé d'avoir dilapidé les fonds du département, et d'en avoir même souvent détourné une partie à son profit.*

La réponse à cette calomnie fut ainsi énergiquement exprimée : « *Le Conseil général désirant donner par-*
» *ticulièrement à M. Petit de Lafosse et à tous les*
» *agents de l'administration préfectorale, une écla-*
» *tante marque de sympathie,*

» DÉCLARE

» *Que M. Petit de Lafosse a la confiance du Conseil*
» *général, que sa loyauté et la probité de son admi-*
» *nistration, sont au-dessus de tout soupçon,* ET QUE
» LE CONSEIL EST HEUREUX DE LUI DONNER L'ASSURANCE SO-

» LENNELLE DE SON LOYAL CONCOURS ET DE SON ÉNERGIQUE
» APPUI. »

Cette absurde accusation, qui n'était qu'une manœuvre de parti, ayant honteusement échoué, on revint à l'affaire du représentant détenu.

Après avoir osé lui dire, en présence des gardiens, dans une visite qu'on lui faisait à la prison : *Soyez tranquille, endurez en paix vos souffrances ; avant peu, vous ne serez plus ici ; c'est le préfet qui y sera à votre place ;* et, en s'adressant aux préposés de la prison : *C'est vous qui le garderez !...* on fit imprimer un libelle pour *accuser le Conseil général de s'être associé à la conduite du préfet qui aurait soumis le représentant détenu à un régime plus dur que le meurtrier et le faussaire, et à des actes de violence et de brutalité qui révoltent tous les sentiments d'humanité.*

Le Conseil, considérant que cette imputation était un outrage envers le Conseil général, et que les pouvoirs publics ne peuvent pas se laisser insulter sans s'affaiblir, déféra le factum à l'autorité judiciaire.

Les signataires furent traduits devant la Cour d'assises de la Nièvre, mais le jury, au milieu de ces orages, décida que le fait des prévenus, à l'égard du Conseil général, ne pouvait être légalement qualifié de *diffamation publique*. Personne n'ignore en effet que la *publicité* est l'un des éléments indispensables de la diffamation.

Que n'ai-je pu mieux faire! écrivit à M. Petit de Lafosse M. le procureur-général Corbin qui avait placé l'auditoire sous l'empire de sa puissante parole ; *j'étais si heureux, mon cher Préfet, de trouver l'occasion d'un hommage au Conseil général, et de vous prouver la haute et affectueuse estime que je vous ai vouée !...*

Quelle époque!..... Ne nous menait-elle pas à de nouveaux exemples des Jacqueries du moyen âge!... Mais, je m'arrête sans commentaires, pour ne pas m'écarter du but de cette notice personnelle.

En 1851, l'abnégation du magistrat devait être mise encore à de plus rudes épreuves.

§ X

INSURRECTION DE CLAMECY EN 1851.

Personne n'ignore le courage et l'intelligence à l'aide desquels M. Petit de Lafosse parvint à tenir tête à l'émeute pendant les plus mauvais jours des guerres civiles, durant l'état de siége de la Nièvre. Ce n'est qu'en payant lui-même de sa personne et en appliquant les lois de la guerre aux révoltés pris les armes à la main, qu'il put se rendre maître de l'insurrection de Clamecy, qui ne dura pas moins de trois jours, les 5, 6 et 7 décembre 1851.

C'est au milieu de cette crise suprême, après le plébiscite héroïque et providentiel qui sauvait la France, que M. le comte de Morny, alors ministre de l'intérieur, écrivait au conseiller de préfecture faisant fonctions de préfet à Nevers : « *Donnez-moi souvent des nouvelles du préfet et adressez-lui une fois de plus mes félicitations pour sa conduite énergique, et dites-lui bien que je saurai reconnaître les éminents services qu'il a rendus à la cause de l'ordre.* »

On se sent saisi d'émotion et d'un vif intérêt en lisant la proclamation que M. le Préfet adressa aux habitants de Clamecy, quand il entra dans cette ville, le 8 décembre, à cinq heures du matin, en franchissant les barricades au milieu de tous les crimes et de tous les désastres que la guerre civile traîne après elle.

Cette entrée ne fut soutenue que par deux cents hommes d'infanterie, cinquante hommes de cavalerie, une brigade de gendarmerie, une brigade de gardes forestiers commandée par leur inspecteur, et par douze ou quinze des principaux propriétaires du pays. Parmi ceux-ci, on a distingué M. Louis Rambourg, M. Charles Rambourg et le comte de Marcy, qui ont reçu la croix de la Légion-d'Honneur, pour l'abnégation et le courage dont ils avaient fait preuve en combattant à côté du Préfet.

Les officiers, réunis en conseil, avaient en quelque sorte exigé que M. le Préfet ne portât pas son costume, pour ne pas servir particulièrement de point de mire aux balles des insurgés.

Tous les prisonniers, au nombre desquels se trouvaient un avocat de Clamecy et un ingénieur des Ponts et Chaussées, venus scandaleusement, pendant la nuit, au bivouac du Préfet, pour intercéder en faveur des insurgés, suivaient la colonne, la corde au cou. « *Des conditions !....* leur avait répondu le Préfet, avec une saisissante énergie, *je ne traite pas avec des assassins..... vous n'êtes à mes yeux, comme aux yeux de la poignée de braves qui vient de vous entendre avec douleur, et qui entrera demain avec moi dans Clamecy, malgré vos trois mille insurgés, que les parlementaires du parti du crime.* »

Les principaux insurgés pris, la veille, les armes à la main, dans un combat partiel, avaient été immédiatement passés par les armes. Les corps étaient restés, pour l'exemple, sur la grande route, aux portes de Clamecy, par ordre du Préfet. Cet intrépide magistrat, toujours prompt au départ, et le premier aux balles, mis soudainement en joue, à trois pas, par un insurgé, ne dut de ne pas être tué qu'à la promptitude du courage de M. le comte de Marcy, qui, par deux coups de feu, étendit cet homme mort à ses pieds, au moment même où M. le Préfet le manquait de deux coups de pistolet.

Durant ce temps, on entendait, de toutes parts, au son du tocsin, sous le drapeau rouge arboré, les cris les plus barbares : *Vive Barbès ! Mort aux riches ! Vive la guillotine !*

Cependant, la gendarmerie se défendait encore dans la caserne. On y pénètre par la force. Trois gendarmes sont massacrés. L'un d'eux ne meurt pas de suite ; on décide d'abord qu'il faut le laisser souffrir, et on l'achève ensuite à coups de pieds. *Il faut le faire griller.....* disait un insurgé, *qu'on apporte de la paille..... nous en avons quatre de tués, il en reste neuf ; dépêchons-nous de les tuer ces gueux-là.....*

Les orgies les plus cyniques succèdent partout aux scènes qui viennent d'ensanglanter la ville.

Le style de cette proclamation improvisée par M. le Préfet dans le feu de l'action, au milieu de la poudre et des balles, est coloré, ferme et noble à la fois. On sent l'homme de bien qui ne peut contenir son indignation et qui la laisse déborder dans les accents du représentant de l'ordre social, qui en est réduit à réprimer le mal qu'il a vainement cherché à prévenir. Entre des mains aussi énergiques l'autorité sera respectée ou vengée, et avec l'autorité, la protection inviolable de la famille et de la propriété. On comprend que le ministre de la loi restera à la hauteur de sa mission et que le noble but qui l'anime, il l'atteindra avec cette inflexibilité que donne le sentiment du droit et la conscience du devoir. Mais il est temps de donner la parole à ce courageux orateur.

« Habitants de Clamecy !

» Des bandits, des factieux et des assassins ont jeté le
» deuil au milieu de vous, les 5, 6 et 7 décembre.

» Des citoyens honorables, des vieillards, des femmes,
» des enfants, des gendarmes intrépides préposés à la
» défense des lois et de la société, ont été massacrés. Des
» habitations ont été dévastées.

» Le sang le plus honorable crie vengeance ! La puni-
» tion sera éclatante.

» Que les bons citoyens se rassurent et s'unissent au
» nom des familles menacées.

» M. Legeay, maire de Clamecy, qui a méconnu tous
» ses devoirs en fuyant lâchement, sous un déguisement,
» son poste, sa famille et ses concitoyens, est révoqué.

» M. Ruby, homme de courage, est nommé maire de
» Clamecy.

» Tous les rassemblements sont interdits; ils seraient
» immédiatement dispersés par les armes.

» Tous les cafés et cabarets du canton de Clamecy et
» des communes de Corvol-l'Orgueilleux, Entrains et
» Lachapelle-Saint-André, sont fermés.

» Les habitants de l'arrondissement de Clamecy me
» trouveront toujours tel qu'ils m'ont connu dans les
» mouvements insurrectionnels de 1835 et 1837, in-
» flexible dans la volonté de punir avec rigueur les fac-
» tieux qui ne veulent que le pillage, le meurtre et la
» destruction. »

Monseigneur Dufêtre, évêque de Nevers, s'était rendu en toute hâte auprès du Préfet qu'il affectionnait particulièrement. Ce vénérable prélat aurait voulu décider les insurgés à cesser une guerre impie; il est arrivé trop tard pour sa mission de paix et de charité: ces fatales journées marqueront d'un trait de sang les annales Nivernaises.

Les sœurs de l'hospice de Clamecy n'ont pas failli non plus à leur touchante mission; encouragées d'ailleurs par un avis secret de M. le Préfet, qui voulait que des soins fussent donnés indistinctement à toutes les victimes de cette guerre civile, on les a vues, nuit et jour, au péril de leur vie, au milieu des balles et à travers les piques et les baïonnettes, porter partout des secours aux blessés et aux mourants dans les rues de Clamecy.

Tous les genres de dévouement se multipliaient dans ces graves circonstances. M. le comte Elie de Pontcarré, ancien secrétaire d'ambassade, propriétaire du château de Lys, à 15 kilomètres de Clamecy, en apprenant la position critique et les embarras du Préfet, son honorable ami, pour nourrir les 300 hommes qui se trouvaient au camp qu'il avait improvisé au-dessus de Clamecy, a pourvu à tous les besoins du service et à toutes les ressources qu'il était impossible de se procurer en présence d'une ville barricadée et des campagnes des environs, que la terreur avait rendues désertes.

Dès que M. le comte de Morny fut informé du retour du Préfet à Nevers, il lui adressa encore ces paroles flatteuses : « *J'apprends avec plaisir l'heureux résultat* » *de votre expédition sur Clamecy.*

» *Je vous réitère mes félicitations très-vives sur* » *votre énergie.*

» *Je lis vos rapports avec une attention sérieuse,*
» *et tout ce qui se passe dans votre département*
» *éveille mon intérêt. Il vous suffit de savoir que*
» *j'apprécie votre dévouement et que je vous sais*
» *gré de tous vos efforts.* »

Le président de l'Assemblée nationale et son frère M. le baron Charles Dupin écrivirent, à leur tour, à M. le Préfet pour « *le féliciter, au nom des bons citoyens, pour sa courageuse conduite, qui avait, à deux reprises rapprochées, sauvé leur département de l'anarchie.* »

« *Honneur à votre courage et à votre activité,* » lui écrivait encore le président de l'Assemblée nationale; « *j'espère que le gouvernement récompensera dignement de tels services !* »

M. le baron de Bourgoing, de la Nièvre, ambassadeur près S. M. la reine d'Espagne, lui manda également :

« Vous recevrez sans doute, de toutes parts, des remer-
» cîments et des félicitations pour la noble et courageuse
» conduite que vous avez tenue dans les graves événe-
» ments qui viennent d'épouvanter le département de la
» Nièvre ; permettez à l'un des Nivernistes les plus
» reconnaissants des services que vous venez de rendre à
» une contrée où il compte tant de parents et d'amis, de
» se joindre au concert d'éloges et aux expressions de
» gratitude que vous recueillez à si juste titre.

» *Le dévouement de notre armée a sauvé la France,*
» *mais combien ne doit-elle pas aux magistrats qui*
» *ont guidé les colonnes et partagé les dangers des*
» *braves défenseurs de l'ordre !.....* »

L'autorité militaire ne resta pas muette dans ce concert d'hommages. Nous mentionnerons le passage suivant, dans un rapport adressé à M. le Ministre de la guerre par M. le général de division Pellion, commandant l'état de siége, à son retour de Clamecy, le 28 décembre 1851 : « Maintenant le danger est passé, mais on peut » en mesurer la profondeur. Aussi, les maires et les » populations de toutes les communes que j'ai traversées » rendent-ils des actions de grâces *au Préfet de la* » *Nièvre* qui, mettant tous les sentiments d'amour- » propre de côté, a, dès le principe, demandé la mise » en état de siége de son département. *M. Petit de* » *Lafosse*, a, par là, puissamment contribué à con- » jurer le danger ; il a, de plus, par sa conduite subsé- » quente, acquis des titres à la reconnaissance de ses » administrés et à la bienveillance du gouvernement. »

Le dévouement et le courage du Préfet étaient heureusement contagieux dans ces jours d'épreuves. Je n'en citerai qu'un exemple parmi toutes les lettres qu'il recevait, de tous les points du département, en réponse à son appel énergique : « Quand le premier magistrat du dé- » partement se dévoue, avec tant d'abnégation, à la » défense de la société menacée, lui écrivit, le 14 décem- » bre 1851, un propriétaire considérable, il n'est pas » permis à un obscur soldat de l'ordre, de refuser le » plus petit poste qui lui est confié... J'accepte donc la » mission, etc. »

Enfin, le Conseil général de la Nièvre, dans sa session de 1852, se rendit, à l'unanimité, l'interprète de la reconnaissance et de l'estime profonde de tout le département.

Vers le même temps, l'un des propriétaires les plus honorables du département, ancien officier supérieur et officier de l'ordre de la Légion-d'Honneur, avait écrit au directeur du *Journal de la Nièvre* : « Tout le monde a » admiré la ferme et noble conduite de notre digne Pré- » fet dans ces moments de troubles. Partout où il y avait » à combattre, on le voyait à la tête des troupes! S'il a » bien mérité de la patrie, il a bien mérité aussi un té- » moignage de la reconnaissance des habitants de la » Nièvre. Je viens donc vous prier d'ouvrir une souscrip- » tion dans vos bureaux pour offrir une *épée d'honneur* » à ce courageux magistrat.

» *Je souscris pour cent francs.*

» La France entière saura que nous avons un Préfet » que nous apprécions et qui est digne de la représenter » en tous pays. »

Cette initiative trouva immédiatement de l'écho et des adhérents dans tous les rangs de la société. La souscription s'annonçait comme très-brillante, lorsque, ce que nous appellerons un *abus* de modestie, M. le Préfet s'opposa à cette démonstration si flatteuse, bien qu'il en comprît toute la signification et en appréciât toute la portée.

Il obéit ainsi à un sentiment de délicatesse exquise; et, alors qu'il avait pris la plus large part de la lutte et du danger, il ne voulut pas permettre qu'on lui fît une part réservée dans le triomphe et dans la reconnaissance. Des généraux et des magistrats supérieurs du ressort avaient agi de concert avec lui, et il ne voulut rien permettre qui eût pu blesser la susceptibilité de ceux qu'il nommait ses coopérateurs. M. le Préfet s'opposa donc à ce que la moindre publicité fût donnée à cette éclatante marque de sympathie ; il déclara qu'il voulait se borner, ainsi que ses collaborateurs, *à garder tout le mérite de sa conscience.*

Toutefois, il désira conserver, dans l'intimité, pour lui et les siens, un souvenir de cette souscription si universellement accueillie, et voici, à ce propos, ce que lui écrivait la personne marquante qui avait été le promoteur de cet hommage civique :

« *Puisque vous voulez conserver les lettres que j'ai » adressées au directeur du* Journal de la Nièvre, » *joignez-y la réponse qu'il vient de me faire et les » preuves d'assentiment que je recevais de toutes » parts : ce sera un jour une instruction pour vos » petits-enfants qui sauront que leur grand-père » savait allier la modestie au courage, et qu'il sera » noble pour eux de l'imiter !* »

Son Altesse Impériale la Princesse Mathilde daigna lui témoigner, à cette époque, et pendant son administration dans la Nièvre, en lui adressant des lettres autographes, le vif intérêt qu'elle prenait à sa situation et à son avenir.

Cependant, l'envie, qui toujours veille dans l'ombre, avait cherché à noircir et à dénaturer une si belle conduite. Cette nouvelle injustice valut à M. le Préfet une nouvelle attestation de sympathie de la part de M. Corbin, procureur-général de la Cour impériale de Bourges ; le même qui, quinze ans auparavant, avait déjà noblement apprécié le mâle caractère dont avait fait preuve M. Petit de Lafosse dans les soulèvements de 1835 et 1837 à Clamecy. Cette fois encore, M. le Procureur-général avait été témoin oculaire des actes de M. le Préfet dans cette ville si tristement vouée à la révolte. Aussi, ce magistrat éminent, d'accord avec M. le général duc de Mortemart, commandant la division territoriale, s'était-il empressé d'écrire à M. le Préfet : « *Qu'il ne laisserait rien igno-* » *rer de ce qu'il pensait à son égard, comme dévoue-* » *ment, comme énergie, comme belle et bonne con-* » *duite à s'assurer des événements, comme sous les* » *balles des insurgés de Clamecy.*

» *Ce nuage passera,* disait-il encore, *on vous ren-* » *dra justice... Ce serait un trop triste début, pour* » *un gouvernement dont j'attends de si bonnes cho-* » *ses, que d'inquiéter de hauts fonctionnaires qui* » *savent et qui sauront lui rendre de signalés servi-* » *ces. J'en suis encore à me rendre compte de tout* » *ce qui a pu se tramer, par qui et comment. J'es-* » *père qu'en définitive vous resterez avec les éloges* » *très-mérités qui vous pleuvaient de Paris et de* » *toute la Nièvre.* »

Un peu plus tard, M. le Procureur-général, ayant appris que la malveillance persistait dans ses injustes menées, adressa une nouvelle protestation empreinte de toute la vigueur qui le caractérise. La voici :

« *Eh! qui donc, mon cher et très-honoré Pré-* » *fet, peut s'acharner ainsi à vous nuire? On aura* » *beau dire, on ne fera pas accroire que vous ayez* » *pu tout seul prendre Clamecy d'assaut et qu'on* » *vous jetait des roses quand vous receviez des bal-* » *les!... Tous les reproches qu'on vous fait sont ab-* » *surdes... Le Prince a pour vous des bontés et ne* » *prêtera pas l'oreille à l'ennemi.* VOUS AVEZ ÉTÉ A LA » PEINE ET VOUS SEREZ A L'HONNEUR (1) ! »

(1) Expression pittoresque de Jeanne d'Arc, et qui est restée proverbiale.

Enfin, en 1852, quand la vérité fut entièrement connue et que la religion de l'Empereur fut éclairée sur tous les points, le même magistrat écrivit à M. le Préfet :

« *Monsieur et honorable ami, je suis heureux* » *d'apprendre que vos tribulations sont finies et* » *qu'on vous rend, en haut lieu, la justice qu'aucun* » *n'oserait vous contester sur le théâtre même où se* » *sont déployés votre énergie et votre dévouement.* » *Enfin tout viendra à bonne fin, vous garderez la* » *Nièvre jusqu'à meilleure chance ; la Nièvre s'en* » *félicitera et, quand vous la quitterez, je serai de* » *ceux qui vous regretteront le plus.* »

M. Delangle, dont la Nièvre s'honore comme d'un de ses plus glorieux enfants, voulut à son tour le rassurer :

« *Votre situation n'est pas modifiée,* » lui mandait le procureur général à la Cour de cassation, devenu depuis ministre de l'intérieur et ministre de la justice. « *Vous n'avez rien perdu. Si on vous a* » *desservi, ce que j'ignore, l'empreinte n'est pas res-* » *tée. Vous aurez la récompense des services rendus* » *dans la Nièvre..... Vous me trouverez toujours* » *empressé à faire les démarches qui vous pourront* » *être utiles, et à saisir l'occasion de renouveler des* » *relations qui me sont bien chères.* »

M. le général de division, duc de Mortemart, lui avait encore écrit : « *Je n'oublierai jamais mes excellentes* » *relations avec vous... les faire cesser serait une* » *chose par trop cruelle !...* »

M. le maréchal de Saint-Arnaud, ministre de la guerre, avait voué une estime profonde à M. Petit de Lafosse; aussi, lui écrivait-il, dans une circonstance mémorable, au mois de juin 1852 : « C'est ainsi qu'un fonctionnaire » éclairé sait faire comprendre les intentions du gouver- » nement, ramène et attache les esprits indécis ou mal- » veillants. *Il est bien à désirer que tous les adminis-* » *trateurs suivent votre exemple.*

» J'ai bien vivement regretté de ne vous avoir pas ren- » contré à Nevers, lors de mon passage, pour vous y ser- » rer la main. J'aurais été heureux de vous féliciter de » vive voix de *votre noble et énergique conduite lors* » *des événements de décembre.* »

M. Petit de Lafosse avait reçu, en 1851, de Sa Majesté la reine d'Espagne, un décret qui lui conférait, d'après le rapport de M. Martinez de La Rosa, son ambassadeur en France, le grade de commandeur extraordinaire de l'ordre royal Américain d'Isabelle-la-Catholique, comme récompense des services importants qu'il avait rendus, sous le dernier règne, au gouvernement espagnol, notamment au moment de l'évasion de France du prétendant M. le comte de Montemolin.

Ce décret lui fut transmis, de Madrid, dans les termes les plus flatteurs, par M. le baron de Bourgoing, ambassadeur en Espagne.

Une administration si intelligente et si courageuse devait laisser des traces impérissables dans la Nièvre. C'est pourquoi le souvenir de ce magistrat, si ferme dans le devoir, si conciliant et si doux dans toutes les questions d'humanité, a été consacré par des témoignages rendus publics, parmi lesquels nous ne mentionnerons que ce passage qu'on lit dans les *Esquisses Autographiques et Biographiques*, par M. Noël Lefèvre, à l'article des préfets de ce département : « Le baron

» Petit de Lafosse, nommé le 30 décembre 1848 ; son
» courage politique et ses qualités administratives, qui
» sont dignement appréciés, lui assurent la reconnais-
» sance publique. »

L'Empereur, qui, dès les premiers jours de son retour en France, l'avait personnellement connu et qui avait eu l'occasion de lui témoigner plusieurs fois toute sa satisfaction sur le courage, l'énergie et la bonne administration qui ont toujours distingué ce haut fonctionnaire, lui avait envoyé son portrait comme souvenir de son passage à Nevers. Et comme pour donner encore plus de prix à un tel cadeau, la lettre d'envoi contenait ces paroles aussi flatteuses qu'encourageantes : « Cette gracieuse dis-
» tinction n'est qu'une autre forme des remercîments
» que l'Empereur se plaît à devoir à votre dévouement....
» Sa Majesté n'a pu s'étonner du bon esprit qui anime le
» département de la Nièvre, puisque c'est vous qui l'ad-
» ministrez. »

§ XI

RÉCEPTION DU PRINCE PRÉSIDENT DE LA RÉPUBLIQUE A NEVERS.

Dans ses annales, l'histoire devra enregistrer que ce fut à Nevers, *le* 15 *septembre* 1852, que, pour la première fois, le Prince président fut accueilli par les acclamations de : Vive l'Empereur !.. Vive Napoléon III !.. et qu'il reçut des mains même de tous les maires du département les votes des conseils municipaux *demandant le rétablissement de l'Empire héréditaire*.

Ce fait historique démontre donc que la Nièvre a le droit de revendiquer avec honneur une glorieuse initiative dans laquelle M. le Préfet eut la plus légitime part.

L'histoire constatera que c'est de Nevers que partit ce premier élan populaire qui ne fit que s'accroître et qui accompagna le Prince durant son voyage dans tout le midi de la France.

Comme souvenir de son passage à Nevers, Son Altesse Impériale, avant de quitter la préfecture, voulut bien remettre à madame la baronne Petit de Lafosse une magnifique broche en diamants.

Une attention ingénieuse et pleine de délicatesse avait touché le prince. M. le Préfet avait eu soin de mettre, à la place qu'occupait à table le futur empereur, un couvert marqué aux armes impériales et qui était de ceux dont Napoléon Ier se servait à Sainte-Hélène.

Son Altesse Impériale avait aussi daigné remarquer, dans l'appartement qu'elle occupait, un arbre généalogique de la famille Bonaparte depuis 1183, dressé par un artiste de la Nièvre, le sieur Loulet, transporté en Algérie à la suite de l'insurrection du mois de décembre, et pour lequel M. le Préfet, mû par un honorable sentiment d'humanité, fit à la clémence du chef de l'État un appel qui fut entendu.

Mais un autre épisode de ce voyage devait surtout frapper l'attention et parler au cœur de Son Altesse Impériale. M. le Préfet, en arrivant aux limites de son département, près de Saint-Pierre-le-Moutier, pria le Prince de mettre pied à terre et de s'arrêter un moment sur la grande route. Son Altesse Impériale put ainsi admirer une élégante colonne, élevée, la veille, en souvenir du déjeuner que l'empereur Napoléon Ier avait accepté, en 1815, à son retour de l'île d'Elbe, de la ville de Saint-Pierre.

Sur cette colonne, M. le Préfet avait fait inscrire ces

mots adressés par l'Empereur au grand maréchal du palais :

« *Bertrand, prenez bonne note de cette ville, et remarquez bien que j'y suis aimé.* »

Les mémorables journées des 15 et 16 septembre resteront dans les souvenirs du département de la Nièvre comme celui de ses plus belles fêtes, et du bonheur qu'il a éprouvé à témoigner au Sauveur de la France sa gratitude pour le passé, ses espérances et ses vœux pour l'avenir.

Plusieurs hommes d'État s'empressèrent d'écrire des lettres de félicitations à M. le Préfet sur le séjour du Prince à Nevers. Parmi ces lettres, nous allons en citer une seule qui est, à vrai dire, la reproduction de toutes les autres :

« Vous devez, Monsieur le Préfet, être justement fier » et heureux de l'accueil que le Prince a rencontré à » Nevers. Sans doute, les vives sympathies qu'a éveillées » sa présence ont puissamment contribué à cette chaleu» reuse réception. Mais, si l'on n'organise pas l'enthou» siasme, on peut du moins lui donner une direction, une » force nouvelle par d'intelligentes dispositions, par des » mesures d'ensemble bien prises, et c'est ce que vous » avez su faire avec un extrême bonheur et une très-rare » habileté. Jouissez de ce succès, comme administrateur » d'abord, et comme l'un des serviteurs les plus capables » de l'homme providentiel qui a sauvé la France. »

§ XII

SA NOMINATION A LA PRÉFECTURE DE LA HAUTE-VIENNE.

L'Empereur ne mit pas en oubli les signalés services

rendus à la France par M. Petit de Lafosse ; et, pour l'en récompenser dignement, il lui confia, en 1853, sur le rapport de M. le comte de Persigny, ministre de l'intérieur, une des vingt préfectures de seconde classe, celle de Limoges.

Ce magistrat a occupé ce poste pendant quatre années; à Limoges comme à Nevers, comme partout, il sut bientôt conquérir les plus honorables suffrages.

Après la première année d'une administration active et vigilante, M. Petit de Lafosse recevait déjà une éclatante adhésion qui se traduisait aussi en remercîments à l'Empereur : « Le Conseil remercie M. le » Préfet, du concours si bienveillant et si utile qu'il lui » a prêté dans l'étude des différentes questions soumises » à son examen, et exprime sa haute gratitude envers Sa » Majesté l'Empereur, qui a confié l'administration de la » Haute-Vienne à un fonctionnaire aussi distingué par la » connaissance des affaires que par son dévouement » énergique aux intérêts du pays. »

En apprenant ce vote honorable, M. le maréchal de Saint-Arnaud, ministre de la guerre, lui écrivit spontanément : « L'accueil fait à vos travaux prouve combien » votre administration est justement appréciée..... Je » m'empresse de vous féliciter... J'ai toujours été certain » que vous sauriez justifier la haute bienveillance que le » gouvernement vous a montrée en vous confiant la pré- » fecture importante de la Haute-Vienne. »

M. Stourm, conseiller d'État, inspecteur général des préfectures, envoyé en mission à Limoges, rendit, de son côté, à tous les points de vue, justice entière à la sagesse et à l'habileté de son administration.

« Vous êtes digne, mon cher Baron, » lui manda alors un ancien conseiller d'État, membre de l'Institut, « de » marcher sur les traces de cet illustre et vertueux *Tur-* » *got,* dans un pays où il a laissé comme intendant-gé- » néral de la province du Limousin, une mémoire aussi » chère et aussi vénérée que celles de M. *De Tourni,* à » Bordeaux, et de M. *D'Étigny,* à Auch; *continuez-le* » *à Limoges, et que l'exécution de vos projets éprou-* » *ve, s'il est possible, moins d'opposition et de diffi-* » *culté que la réalisation des siens, soit comme in-* » *tendant, soit comme ministre!!...* »

M. Petit de Lafosse ajoutait à *ses éminents services,* expressions même de M. le comte de Morny, tous ces titres d'honneur et ces vœux si flatteurs, en 1854, et, deux ans après, en 1856, il devait éprouver, sans s'être élevé aussi haut, l'opposition, les difficultés et les disgrâces de *Turgot,* son illustre devancier!...

Mais, je veux suivre l'ordre chronologique de sa carrière.

Esprit large, pratique et fécond, s'inspirant avec une rare facilité des intérêts et des besoins des contrées qu'il administrait, il contribua puissamment au développement et aux progrès de l'agriculture.

Aussi, M. Dupin aîné, qui pense avec Sully que le *pâturage et le labourage sont les mamelles de la France,* appréciait-il, comme il le devait, le concours puissant d'un administrateur si zélé. Après avoir lu un travail extrêmement remarquable que M. Petit de Lafosse adressait au gouvernement sur la question de l'exploitation du sol et des moyens de rétablir l'influence des propriétaires sur les classes agricoles, ce grand légiste lui écrivait ceci : « J'ai lu vos rapports avec un vif intérêt, sur-

» tout celui qui explique la position respective des pro- » priétaires et des fermiers. Je les tiens pour très-exacts » et exprimant bien la situation du pays. Votre ministre » devra y voir la preuve que vous connaissez bien le dé- » partement qui vous est confié et que vous suivez de près » la marche des idées et la fluctuation des intérêts. »

« Je vous ai lu, lui écrivait encore un conseiller d'État, » économiste d'un savoir éminent, et, comme toujours, » j'ai apprécié vos talents administratifs, votre haute sol- » licitude pour les intérêts qui vous sont confiés, votre » esprit de conciliation, votre fermeté opportune. »

M. Rouher, ministre de l'agriculture, du commerce et des travaux publics, lui a, de son côté, adressé, plusieurs fois, les remercîments les plus flatteurs, en lui témoignant toute sa satisfaction pour l'habileté qu'il mettait à encourager l'agriculture, comme dans l'organisation et la tenue des comices et des concours régionaux agricoles.

Ces divers éloges, signés par des hommes si compétents, nous dispenseront de dire que M. Petit de Lafosse a justifié avec bonheur les titres littéraires qui sont venus d'eux-mêmes violenter sa modestie. Il sait mettre à son service, suivant l'occasion, et la parole et la plume. Orateur vigoureux, il sait être écrivain élégant et d'un goût irréprochable. Pour le démontrer, il nous suffira de mentionner les feuilletons littéraires qu'il a fait publier, comme aussi les discours et harangues qu'il a prononcés avec grand succès dans les comices agricoles de la Nièvre et à la société archéologique et historique du Limousin. Il fait partie de plusieurs sociétés savantes. L'Académie Belge d'histoire et de philologie, voulant lui donner un témoignage de sa haute considération pour toutes les questions internationales qu'il avait traitées à l'époque où il présidait, par suite d'une élection faite à l'unanimité, la Société royale des Lettres, Sciences et Arts du Nord, lui a conféré, en 1853, le titre de membre de l'Académie de Belgique.

§ XIII

SA DISGRACE EN 1856.

Cependant, M. Petit de Lafosse allait bientôt subir une terrible épreuve. Comme pour lui en adoucir l'amertume, la religion lui envoyait par avance de douces et reconfortantes paroles qui devaient l'aider à supporter l'injustice des hommes. Un prince de l'Eglise lui écrivait en 1856 :

« *Ce n'est pas avec indifférence que j'ai appris l'estime et la considération dont vous entourent et M. Billault et notre illustre Empereur : Dieu se plaît à honorer, même ici-bas, ceux qui sont destinés à faire un plus grand bien dans la société.* »

Peu de temps après, M. Petit de Lafosse, sur le rapport de M. Billault, ministre de l'intérieur, était remplacé dans ses fonctions de Préfet de la Haute-Vienne !...

Pour quiconque a suivi cette existence si remplie, si dévouée, si courageuse, cette disgrâce imprévue est un fait des plus affligeants. La tristesse vous saisit en songeant que cette brillante carrière fut momentanément brisée. Il n'entre pas dans notre plan d'exposer l'accusation que d'artificieux ennemis ne craignirent pas de lancer contre le Préfet de Limoges. Nous nous bornerons à citer quelques documents desquels résultera la preuve que cet honorable magistrat fut frappé par suite d'une funeste erreur, et qu'il tomba victime de la calomnie.

Tout le monde connaît le mot fameux de Beaumarchais : « Calomniez ! calomniez ! il en reste toujours quelque chose. » Il est une définition inédite qui ne dit que cela, mais peut-être le dit-elle mieux.

La voici telle qu'un des hommes les plus spirituels de ce temps, M. de Salaberry, la donna un jour à Mme de Staël :

« *La calomnie est un charbon ardent qui noircit quand il ne brûle pas.* »

C'est bien là, malheureusement, ce qu'a éprouvé M. Petit de Lafosse.

« En fait, lui écrivait, à Vichy, au mois d'août, un » homme considérable, ancien bâtonnier de l'ordre des » avocats à la Cour impériale de Limoges, une indigne » calomnie a été débitée, propagée contre le Préfet : » c'est votre titre qu'on a voulu atteindre, votre carac» tère de fonctionnaire, votre autorité qu'on a voulu » flétrir afin de vous faire éloigner ou tomber.

» Ce but ne semble pas douteux.

» Le Préfet a donc dû chercher les moyens de réfuter » le mensonge. Il a fait agir la police ; il en est résulté » *qu'il ne connaissait pas, même de vue*, la personne » qu'on disait en relations avec lui.

» Il a voulu disculper le Préfet qui était odieusement » attaqué. S'il eût été simple citoyen, il eût été moins » impressionné.

» C'est donc dans l'intérêt de l'autorité, c'est pour » la relever, pour la venger, qu'il a dû rechercher la » connaissance exacte des faits.

» Il ne me paraît pas possible que le gouvernement ne
» prenne pas sous son patronage un fonctionnaire dans
» votre position.

» Je vous l'ai dit bien des fois, on ne veut que du
» scandale, il ne faut pas le permettre. Le pouvoir y ga-
» gnera de la considération, et les convenances ne seront
» pas blessées. »

M. Petit de Lafosse ayant été prévenu de la persévérance des moyens calomnieux employés pour le perdre, — moyens éternels qu'ont les passions jalouses de se venger de la supériorité d'un homme public en affectant une hypocrite rigueur à propos de sa conduite privée, même quand elle est irréprochable ! — M. Petit de Lafosse résolut de s'adresser à l'Empereur lui-même ; il lui écrivit donc, au mois de novembre, cette lettre qui respire toute la douleur respectueuse d'un honnête homme injustement attaqué, et dont le style simple et sublime à la fois est à la hauteur des grandes idées qu'il exprime avec une mâle énergie.

« Sire,

» Après vingt-sept ans de travaux irréprochables, je
» suis menacé d'être sacrifié à une calomnie.

» Je supplie Votre Majesté de daigner m'entendre et
» m'accorder une audience.

» Votre Majesté me connaît ; elle sait que, dès son re-
» tour en France, mon dévouement absolu lui était ac-
» quis ; elle sait que, au 2 décembre, dans l'insurrection
» de Clamecy, j'ai combattu et vaincu l'anarchie.

» Votre Majesté se souviendra également qu'elle a ho-

» noré ma conduite dans cette grave circonstance par un » témoignage éclatant de satisfaction, que m'a transmis » M. le comte de Morny, son ministre de l'intérieur, et » que l'Empereur lui-même, dans sa bonté exquise, m'a » renouvelé pendant son séjour à Nevers.

» Sire, je vous en conjure, au moment où les députés » et le Conseil général de la Haute-Vienne m'entourent » unanimement de leurs plus vives sympathies, que je » ne sois pas frappé, sous votre gouvernement, par suite » d'une intrigue locale, comme le fut mon père, vice- » président du Corps législatif, premier président de la » Cour impériale d'Orléans, proscrit, en 1815, par la » Restauration. »

Cette lettre, si vigoureusement écrite et si vivement sentie, devait produire une impression favorable sur l'esprit de l'auguste Prince auquel elle était adressée... Malheureusement, quand elle parvint à sa destination, le décret qui remplaçait M. le Préfet de Limoges était déjà expédié......

§ XIV.

SA NOMINATION AUX FONCTIONS DE RECEVEUR GÉNÉRAL DES FINANCES EN 1857.

Par bonheur, il n'y a que la vérité qui dure, et le mensonge n'a qu'un temps.

L'Empereur, — mieux informé par M. le vicomte de Laguéronnière, conseiller d'Etat, parlant au nom des députés et du Conseil général de la Haute-Vienne, qu'il présidait, — daigna entendre M. Petit de Lafosse en audience particulière, et le nomma, peu de temps après, pendant son séjour à Plombières, au mois de juillet 1857, receveur-général des finances de l'Ariége. Sa Majesté le fit appeler près d'elle par M. le général Fleury, son aide de camp, et voulut bien lui annoncer, devant M. le comte de Morny, qui appréciait si bien son ancien Préfet, et devant M. le duc de Beaufremont, qui avait pris cette disgrâce vivement à cœur, sa réhabilitation dans les termes les plus honorables pour le passé, le présent et même l'avenir.

S'il y a quelque chose de singulièrement flatteur pour M. Petit de Lafosse et de consolant pour l'humanité, c'est à coup sûr ce concert de témoignages de sympathie que lui attira sa disgrâce. Il en reçut de tous les pays qu'il avait administrés.

Notre cadre nous interdit de donner place à ces monuments de la reconnaissance et à ces attestations de la plus sincère condoléance; mais nous ne saurions résister au plaisir d'en citer quelques-uns à titre de spécimen.

« J'ai été consterné du coup foudroyant qui vient de » vous frapper, » lui écrivit l'un des prélats les plus vénérés; « je n'aurais jamais supposé qu'on traitât une vic- » time comme un coupable : mais cela arrive assez sou- » vent. La justice des hommes n'est, dans bien des cas, » qu'une grande injustice.

» La Providence veillera sur vous, j'en ai la confiance, » et, tôt ou tard, vous obtiendrez de l'Empereur répara- » tion du mal qui vous est fait.

» † Dom. A., Evêque de Nevers. »

« Le gouvernement de l'Empereur, mieux éclairé,

» réparera le tort qui vous est fait par les machinations
» locales.

» Le Général de division comte DE LARUE. »

« Je partage l'indignation que tous les gens de bien
» doivent éprouver à la lecture de toutes les calomnies
» dont vous avez été l'objet, et j'espère aussi avec eux
» qu'une éclatante justice vous sera rendue. C'est le vœu
» de tout homme de cœur.

» Le Général de division comte DE ROCHECHOUART. »

Un conseiller d'Etat :

« C'est aussi absurde qu'odieux. Il est impossible que
» vous ne sortiez pas de là, tête levée, et envoyé à une
» meilleure destination encore. »

Un autre conseiller d'Etat :

« Quelle abominable machination! Vous serez sou-
» tenu....

» Il y va d'ailleurs de la considération de l'autorité,
» indignement attaquée en votre personne. J'ajoute que
» l'équité commandait de prendre votre défense, car les
» sentiments honnêtes se révoltent en présence d'une
» pareille monstruosité. Je ne doute pas que vos ennemis
» ne se retirent, couverts de confusion et de honte. »

Un conseiller à la Cour de cassation, ancien député de la *Haute-Vienne* :

« Vous êtes fait pour obtenir des succès partout. Votre

» administration est une noble réponse à vos calomnia-
» teurs. »

Le maire de Limoges, député de la *Haute-Vienne* au Corps-Législatif :

« L'affligeante affaire qui semble porter à son comble
» le désordre moral introduit et entretenu à Limoges
» par des passions mesquines et inintelligentes, n'a pu
» inspirer que du dégoût aux hommes sages et honnêtes. »

Le maire de Saint-Mathieu, député de la *Haute-Vienne* au Corps-Législatif, empêché par une grave maladie de témoigner ses sympathies à M. Petit de Lafosse, au moment de sa disgrâce, ne le cédait en rien à son collègue de Limoges, en lui écrivant, quelque temps auparavant :

« L'excellent accueil qu'on vous a fait à Paris n'est
» que de la justice. Lorsqu'on rencontre des préfets qui
» apportent dans l'exercice de leurs fonctions le zèle et
» le dévouement qui vous caractérisent, c'est un devoir
» non-seulement de les encourager, mais encore de leur
» exprimer toute la reconnaissance qu'ils méritent.

» Croyez bien que je serai fier de tous les succès que
» vous assurent votre haute capacité et votre abord si
» cordial et si ouvert. On trouve malheureusement trop
» peu de fonctionnaires sachant rendre, comme vous, le
» pouvoir gracieux et fort. »

Le président du Conseil général, conseiller d'Etat, ancien député de la *Haute-Vienne* :

« Est-il possible que notre pays soit livré au ridicule » et à la honte d'une pareille lutte? Quel spectacle pour » le peuple !... des raisons de convenance, de dignité » administrative, de moralité publique, commandent » d'éteindre cette affaire afin de prévenir un scandale » qui ne profiterait qu'à de mauvaises passions... *Rien » ne peut autoriser, ni justifier le caractère qu'on » voudrait lui donner...* »

Le célèbre homme de lettres et homme d'Etat avait déjà écrit à Limoges :

« Il convient tout à la fois à mes sympathies pour » M. Petit de Lafosse et à mon dévouement à l'Empereur » de prévenir des erreurs fâcheuses et de donner tou- » jours force et appui à l'administration.

» Il y a autant d'honneur que de bonheur à dire la » vérité. Je ne connais pas de meilleure manière de » servir un gouvernement que l'on aime. »

L'année précédente, à la clôture de la session du Conseil général, il s'était encore exprimé ainsi, avec la justesse et la netteté d'appréciation qui le caractérisent :

« Je crois être l'interprète du sentiment unanime du » Conseil général en remerciant M. le Préfet...

» Je ne crois pas non plus être désavoué par le Con- » seil en offrant à cet honorable magistrat un tribut de » reconnaissance, au nom de l'ordre, de la morale, de la » religion, de la liberté de conscience bien entendue, » pour la fermeté qu'il a déployée contre les sectes qui, » sous un prétexte religieux, ont essayé de troubler les

» populations sur quelques points du département. S'il » est permis à tout le monde de pratiquer sa religion, il » n'est permis à personne de profaner le nom de Dieu et » des intérêts sacrés dans un but de perturbation. Les » mesures prises par l'administration recevront donc la » complète adhésion de tous les honnêtes gens et du » Conseil général.

» Le bien que M. Petit de Lafosse a déjà fait dans ce » département nous répond de celui qu'il fera dans l'a- » venir. Nous savons tous qu'il en a la volonté et le pou- » voir, parce qu'il a l'expérience qui guide et le dévoue- » ment qui soutient. »

Le vice-président du Conseil général :

« Si, dans votre disgrâce, il est une consolation pour » vous et pour votre famille, c'est la pensée que vous » êtes l'objet des vifs regrets du plus grand nombre de » vos administrés, et que *mieux vaut encore tomber* » *victime de la calomnie, avec une conscience irré-* » *prochable, que de subir la torture des remords* » *qui finit toujours par en atteindre les auteurs.* »

Le 20 Décembre, courrier de Limoges, se rendant l'interprète du département, publia cette appréciation :

« Esprit élevé, ferme, prudent et habile, M. Petit de » Lafosse emportera les regrets les plus sincères de tous » les maires et du Conseil général du département, qui » consignait dans le procès-verbal de sa dernière session » que *ce savant et consciencieux administrateur pou-* » *vait compter sur son concours le plus énergique*

» *pour l'aider dans l'accomplissement de sa haute et*
» *importante mission.*

» Qu'il nous soit permis d'ajouter que M. Petit de
» Lafosse, à l'exemple de son père, de vénérable mé-
» moire, comprenait parfaitement la dignité de sa posi-
» tion. Jamais chez lui la vie privée du citoyen n'a fait
» rougir le magistrat ; rempli d'aménité, il entraînait par
» la simplicité et le charme de ses manières et de sa
» conversation. Voué de longue date, pour sa fermeté, aux
» vengeances démagogiques, il avait joué sa vie dans la
» répression des soulèvements de la Nièvre. »

Quelques jours après, le même journal, dont le dévouement absolu est acquis au gouvernement de l'Empereur, insérait encore un article d'une grande importance pour M. Petit de Lafosse. Je le transcris en entier pour ne point en affaiblir la portée :

« Les mutations qui viennent d'avoir lieu dans les préfectures étaient prévues par l'*Indépendance belge*. La manière dont ce journal, ordinairement assez bien informé, les pressentait, nous donne l'espoir que la mesure prise à l'égard de M le baron Petit de Lafosse ne sera que temporaire, selon les expressions même du correspondant de la feuille belge. Voici, du reste, comment il s'exprime :

« Je vous ai parlé souvent d'un remaniement assez
» considérable dans le personnel des préfectures ; je crois
» ce mouvement imminent. On sait que beaucoup de re-
» proches ont été formulés contre un certain nombre de
» préfets qui ont pu contribuer à faire dire que la France
» était plus gouvernée qu'administrée. On leur a imputé

» de ne pas se mettre en communication avec les populations et de n'être pas suffisamment accessibles pour » ceux qui ont besoin de conférer avec les représentants » de l'autorité. On sait même qu'il y a quelque temps, un » ministre qui revenait de visiter la France, aurait. en » conseil des ministres, comparé quelques-uns de ces » hauts fonctionnaires à des pachas, en donnant à ceux-» ci la palme de la modération.

» On parle de deux préfets de première classe, trois » de seconde, qui résigneraient provisoirement leur man-» dat. Il est délicat de citer des noms propres, après » avoir mentionné les accusations qui circulent ; mais, en » nommant le Préfet de la Haute-Vienne, que le *Moni-» teur* va désigner, assure-t-on, parmi les sacrifiés, j'ai » des raisons de croire que des circonstances privées et » étrangères aux reproches dont il est question, ont pu » occasionner le déplacement accidentel de ce fonction-» naire. »

» Nous nous faisons un devoir d'ajouter que, depuis que le *Moniteur* a annoncé ces changements, M. le baron Petit de Lafosse et sa famille reçoivent les marques des plus vives sympathies de la part de toutes les classes de la population. Les personnes les plus honorables du pays se sont empressées aussi de se rendre à l'hôtel de la préfecture pour leur exprimer leurs plus sincères regrets.

» *Le Rédacteur en chef, propriétaire du* 20 Décembre,
» CHATRAS. »

L'un des hommes les plus justement honorés du temps de la Restauration, M. le baron Hyde de Neuville, ancien ministre de la marine et *ancien député de la Nièvre,* lui écrivait de son château de l'Étang : « J'ai lu, cher

» Préfet, avec beaucoup d'intérêt, le *Journal de Limoges*.
» Je n'ai pas été surpris de voir que le Conseil général, » par l'organe de son président, déclarait que le *rapport* » *si remarquable et si complet de M. le baron Petit* » *de Lafosse était un nouveau témoignage de la sol-* » *licitude si éclairée et si dévouée qu'il apporte dans* » *l'administration du département de la Haute-* » *Vienne.*

» *Partout on vous a rendu la même justice.* »

Son Excellence M. le maréchal Magnan : « Cette justice » rendue à vos services et à votre capacité administrative » m'a été aussi agréable qu'à vous, croyez-le bien ; toute- » fois je n'en ai pas été surpris, parce que je sais depuis » longtemps tout ce que vous valez, et je n'ai jamais laissé » échapper l'occasion de le dire partout, *en haut lieu,* » *comme ailleurs.* »

Le successeur de M. le baron Petit de Lafosse, M. le comte de Coëtlogon, écrivait, quelques mois après son installation à Limoges : « Je n'ai pas eu besoin de lire le » dossier de cette affaire pour être convaincu que mon » prédécesseur avait été victime de perfides machina- » tions, et que l'on s'était attaché, pour le perdre, à faire » du tapage autour de lui, en remuant des cancans ridi- » cules, colportés par la malveillance... ce sont de ces » calomnies qui tombent sous le mépris, quoi qu'en » disent tous les Basile du monde... Au reste, comme » toujours, il s'est fait une réaction, et les adversaires de » M. le baron Petit de Lafosse ont été fâchés de leur » succès... »

En effet, vers la même époque, le doyen du Conseil de

préfecture, bâtonnier de l'ordre des avocats à la Cour impériale de Limoges, s'exprimait ainsi : « *La lumière se* » *fait tôt ou tard, et je puis vous assurer que vous* » *êtes complétement vengé de toutes les calomnies* » *auxquelles vous avez été exposé... Combien de gens* » *qui déblatéraient contre vous sont forcés aujour-* » *d'hui de rendre justice à votre sage et bienveillante* » *administration !* »

Comment résister au désir de citer encore l'une des lettres qu'il reçut, au moment de sa disgrâce, de ses anciens sous-préfets. Que de vérités d'un ordre élevé, au milieu des sentiments de tristesse qui accablaient les subordonnés de M. Petit de Lafosse !

« Le *Moniteur* m'a brisé le cœur. J'étais bien loin de » m'attendre à une pareille solution. Il est triste et cruel » de voir tant de hauts fonctionnaires sombrer, après » avoir donné tant de preuves de valeur et de dévouement » pendant une longue et pénible carrière ! Il est déplo- » rable que les positions administratives aient aussi peu de » stabilité, et que les populations puissent concevoir l'idée » qu'avec de l'audace et une calomnie persévérante elles » arriveront à triompher par leurs mauvaises passions...

» Le langage me fait défaut pour vous exprimer tous » mes regrets et vous dire combien je souffre et suis mal- » heureux de vous voir ainsi maltraité. Je ne puis rien » sans doute, mais si ma faible voix avait de l'écho, je » crierais bien fort !

» Pauvre Préfet, j'étais si heureux de vous voir dans » une position si digne de vous, que je dois m'associer » plus que personne à l'événement qui m'affecte au-delà » de toute expression.

» Vous devez emporter bien de l'amertume dans votre » retraite, et vous dire que l'injustice des hommes est bien » grande! »

Enfin, bien des curés des campagnes s'associèrent aux sympathies publiques, en lui écrivant : « Nos regrets ac- » compagneront l'homme généreux, l'homme modeste, » l'homme aimable; et le bien voulu et accompli par » l'habile administrateur restera à la fois comme une » protestation et un durable souvenir. »

N'allons pas plus loin.... il faudrait des volumes si l'on voulait tout rapporter.

En résumé, seize ministres de l'intérieur et les plus hauts personnages, les plus augustes même, depuis trente ans, ont apprécié avec honneur le caractère personnel, le courage civique et les talents comme administrateur de M. Petit de Lafosse.

Terminons la période de la disgrâce de ce fonctionnaire éminent qui fut entouré de tant de sympathies, contrairement aux habitudes du cœur humain en pareil cas, par la lettre d'un magistrat marquant, *de la Nièvre :* « Soyez bien convaincu que, dans tout le département » où vous avez laissé de si bons souvenirs, personne n'a » mieux que moi apprécié *vos excellentes qualités* » *d'administrateur et le service immense que vous* » *avez rendu à la France et à l'Empereur le* 15 » *septembre* 1852. Si un fait comme celui-là a pu sortir » de la mémoire de quelqu'un, il est resté dans la mé- » moire de tous les esprits honnêtes et réfléchis de la » Nièvre où vous nous avez tous pour amis. »

Sa réhabilitation par l'Empereur fut comme le signal de nouvelles preuves de la plus haute estime. Il en reçut de toutes parts les éclatantes marques.

Un membre illustre de l'Académie française, M. de Pongerville, dont le fils avait été sous-préfet dans la Nièvre, lui écrivit :

« Je regrette de n'avoir pas eu le plaisir de vous rece- » voir, quand vous me fîtes l'honneur de me venir an- » noncer votre départ : je vous aurais exprimé la satis- » faction que j'éprouve en voyant le haut témoignage » rendu à vos longs et utiles services. Je souhaite que » votre position nouvelle offre un repos agréable à votre » vie, *si bien remplie par tant d'actes de courage et* » *d'honneur* ; vous êtes de ces hommes qui ont le droit » d'être fiers de leur passé, et conservent une place par- » ticulière dans le souvenir de ceux qui leur ont voué » une juste affection. »

Ce serait ici la place de mentionner les consultations, si vigoureusement motivées sur la question de droit et d'une logique si puissante quant aux faits, signées d'un nom qui est une autorité déterminante en ces matières : nous voulons parler du nom de M. le procureur général actuel, M. Chaix d'Est-Ange, un des plus illustres bâtonniers de l'ordre des avocats à la Cour impériale de Paris. Nous nous contenterons d'enregistrer ici l'opinion concise du doyen d'une Faculté de droit, jurisconsulte aussi renommé pour l'infaillibilité de son jugement que pour les connaissances spéciales sur lesquelles il a fondé sa grande réputation :

« Monsieur le Baron, je vous remercie de la communi- » cation que M. de F... m'a faite de votre part. Non pas

» que j'eusse besoin de cette lecture pour savoir à quoi » m'en tenir sur cette triste affaire ; pour qui vous con- » naît, la calomnie était évidente. Mais il y a dans ce dos- » sier tout un drame rempli d'intérêt et d'enseignement : » haine contre l'autorité, qui saisit le plus léger prétexte » pour essayer d'accabler son représentant, animosités » particulières qui deviennent complices de cette haine, » abandon des hommes sur l'appui desquels on devait » compter; immoralité des meneurs de cette intrigue; » perplexité du juge, dont l'esprit se trouble dans la lutte » des intérêts opposés; déplorable erreur du ministre, qui » ne comprend pas que le Préfet est attaqué par les mau- » vaises passions qu'il a combattues avec courage ; oubli » des services passés, abandon du haut fonctionnaire » qui s'est compromis pour le pouvoir ; puis, d'un autre » côté, et comme consolation de ce triste spectacle, affec- » tions de famille, dévouement de l'amitié ; et, pour que » rien n'y manque, on y trouve même l'élément comique » dans la personne du poète de Saint-Yricix, qui tient » pour vraie la calomnie, déclare que le fait est tout na- » turel et très-ordinaire et trouve ridicule qu'on fasse » tant de bruit pour si peu de chose. Enfin, ce qui n'ar- » rive pas toujours ici-bas, la vérité se fait jour, votre » justification est complète et l'Empereur vous donne » une juste et éclatante réparation.

» Je vous félicite, Monsieur le Baron, de n'être plus » dans cette carrière si fertile en orages, dans laquelle » on est d'autant plus exposé qu'on a fait plus de bien, et » d'être entré dans la paisible administration des deniers » de l'État..... *C'est là le repos honorable si bien dû* » *à vos éminents services.* »

Qu'ajouter à cette appréciation de l'un des jurisconsultes le plus justement considérés parmi les légistes les plus renommés de la France ?

Oh ! ce ne serait pas assez d'une vie tout entière pour avoir justifié ces sympathies et ces éloges.

Et quand on songe que M. Petit de Lafosse n'a que cinquante-cinq ans ! « *L'avenir encore lui appartient !* » Pensée gracieuse de l'Empereur à Plombières, bien digne de l'esprit de justice et de réparation qui distingue Sa Majesté.

Pourquoi faut-il que ce nom, qui a brillé d'un si vif éclat et que M. Petit de Lafosse porte et soutient avec tant de gloire, soit destiné à s'éteindre avec lui ?

Un nom ! c'est, dans ce cas, toute une carrière resplendissante résumée en un mot ; c'est le patrimoine d'honneur de toute une famille ; c'est la tradition des vertus du passé, l'émulation du présent, et la garantie rayonnante de l'avenir !.....

M. le baron Petit de Lafosse ne laisse pas de représentant ou d'héritier auquel il puisse transmettre son nom. La Providence lui a refusé cette suprême consolation, en l'affligeant par les plus cruelles épreuves. Il a vu mourir son fils aîné à Valenciennes, son second fils à Nevers, son petit-fils à Limoges et sa petite-fille à Foix.

Pour le consoler de ces irréparables pertes, il lui reste une fille unique, d'un mérite rare, qu'on a admirée partout où elle a été connue. Cette femme accomplie a épousé M. Arsène de Coynart, chef d'escadron d'état-major, qui a glorieusement combattu dans la guerre d'Italie sous les ordres de M. le maréchal Niel et a reçu de l'Empereur la croix d'officier de la Légion-d'Honneur après la victoire de Solferino, sur le rapport de M. le général de division de Failly, aide de camp de Sa Majesté.

Et maintenant que notre tâche est finie, si nous jetons nos regards en arrière, nous embrassons d'un seul coup d'œil une carrière militante de trente années. Trente années de luttes, de services, de bienfaits, de dévouement au pays! trente années de fidélité au devoir, de fermeté courageuse, de mesures à la fois vigoureuses et prudentes; trente années durant lesquelles M. Petit de Lafosse a montré réunies au plus haut degré des qualités éminentes qui semblent le plus incompatibles. Tout cela ne l'a pas préservé du venin de la calomnie et du souffle de la disgrâce. On l'a dit : les lauriers attirent la foudre. Heureusement que ce temps d'épreuves est déjà loin, et qu'il n'a servi qu'à retremper l'estime persévérante et la chaleureuse adhésion dont les honnêtes gens ont fidèlement entouré M. Petit de Lafosse; heureusement, surtout, qu'après ces trente années si bien remplies, il lui en reste encore de longues et de vaillantes à consacrer à la bonne administration du pays.

Qu'on nous permette de terminer cette notice par un souvenir du *sire de Joinville*, le naïf historien de Saint Louis.

Le *bon sénéchal* raconte que l'évêque Guillaume de Paris avait coutume de dire que Dieu et les hommes étaient obligés, pour être justes, de proportionner la récompense à la difficulté et au nombre des services rendus.

« Vous savez, « disait ce prélat pour rendre sa pensée plus vivante au moyen d'une comparaison, « vous savez » que le roi de France guerroie en ce moment contre le

» roi d'Angleterre, et vous savez aussi que la forteresse
» qui se trouve le plus près du pays ennemi, c'est La Ro-
» chelle en Poitou. Or, je vous demande si le Roi vous
» avait baillé La Rochelle à garder, qui est à l'extrémité
» du royaume, et qu'il m'eût baillé, à moi, le château de
» Montlhéry, qui est au cœur de la France et en terre de
» paix; je vous demande auquel de nous deux le Roi
» devrait savoir meilleur gré, à la fin de la guerre, ou à
» vous qui auriez gardé La Rochelle sans perdre, ou à moi,
» qui aurais gardé Montlhéry sans perdre? »—A moi, répondait-on invariablement, à moi qui aurais gardé La Rochelle. Et l'évêque triomphait dans sa démonstration.

En ce qui nous concerne, nous faisons des vœux pour que le gouvernement veuille bien ne pas oublier que M. Petit de Lafosse a, pendant trente ans, *gardé La Rochelle*, et pour qu'on ne le traite jamais comme s'il n'avait que *gardé Montlhéry*.

SOUVERAINS ET PERSONNAGES CITÉS DANS CETTE NOTICE

5.

FIN.

Paris.—Typog. d'Emile Allard, rue d'Enghien, 14.

TABLE DES MATIÈRES.